Par Etienne Hacken

L'existence et le temps

lePetitPhilosophe.fr

Associez chaque citation à l'explication qui lui correspond.

Choisissez un sujet bac et construisez le plan de votre dissertation en y associant, si possible, certaines des citations et des explications reprises ci-dessus.

INTRODUCTION

Le temps est une condition omniprésente et insaisissable de la réalité : l'homme ne peut penser hors du temps et, plus précisément encore, il ne peut penser le temps hors du temps. Indubitablement, **le vivant est inscrit et limité dans le temps**, puisqu'il est destiné à mourir.

Néanmoins, en philosophie, il faut considérer l'homme sur deux plans différents :

- premièrement, **l'homme est un organisme vivant** à l'instar de nombreuses autres espèces, végétales et animales. En ce sens, il est soumis aux lois de la physique, de la chimie et de la biologie, il participe à un écosystème, il est intégré dans les schèmes de l'évolution, etc. ;
- deuxièmement, **l'homme se différencie des autres espèces vivantes** et dépasse ses conditions biologiques **par son rapport au temps, par son existence**. On peut dès lors parler d'« existence humaine ».

En tant qu'organisme vivant, le corps biologique de l'homme est soumis au temps objectif qui s'écoule seconde après seconde, mais **l'homme est également capable de se positionner dans le temps et de se l'approprier** (il peut se remémorer le passé, anticiper l'avenir et être attentif au présent), et c'est justement ce qui lui donne la conscience de son existence. Dès lors, une heure écoulée du temps objectif peut nous paraitre plus ou moins longue et éprouvante selon que nous soyons assis en classe ou au cinéma : nous parlons alors de temps subjectif. Ainsi, **pour l'homme, le temps**

est double : d'un côté, c'est un flux objectif inexorable et continu et, de l'autre côté, c'est une succession subjective d'instants discontinus de l'existence.

<u>Niveaux de lecture :</u>

*** : incontournable

** : à ne pas négliger

* : pour approfondir

APPROCHE DE LA NOTION

LE TEMPS

La conception métaphysique du temps *

Le rapport de l'homme avec le temps est historiquement ancré dans une conception métaphysique. Par exemple :

- certains philosophes de la Grèce antique supposent, comme Platon (427-347 av. J.-C.), que l'âme est immortelle, contrairement au corps ;
- les bouddhistes et les hindouistes croient à la réincarnation de l'âme dans un autre corps ;
- les juifs, les chrétiens et les musulmans croient à une vie après la mort, etc.

L'énumération pourrait encore être très longue si nous inventorions toutes les religions particulières. Que ce soit en postulant la circularité temporelle (un temps cyclique dans lequel l'existence se répète indéfiniment) ou l'éternité (l'existence d'une autre vie après la mort), **l'homme**, en tant qu'être vivant temporellement fini et destiné à mourir, **cherche à nier l'irréversibilité du temps en projetant son existence dans une temporalité qui dépasse ses déterminations biologiques**.

Mais la circularité du temps tout comme l'éternité réfutent la liberté humaine :

- postuler un temps circulaire ferme tout avenir à l'homme ;

- postuler l'existence d'une vie après la mort l'empêche de vivre intensément le présent.

Pour appréhender le temps dans ce qu'il a de spécifique, il faut en accepter le caractère irréversible, linéaire : si le passé est définitivement révolu et que l'avenir réside dans la mort, l'homme a cependant la liberté de s'affirmer dans le présent, entièrement ouvert.

Le temps comme nombre du mouvement **

Selon **Aristote** (384-322 av. J.-C.), le temps est corrélatif au mouvement :

- d'une part, le temps permet de mesurer le mouvement d'un corps ou de l'âme ;
- d'autre part, la conscience du mouvement rend possible la perception du temps.

Plus précisément, la connaissance du temps dépend de notre capacité à pouvoir délimiter un mouvement selon les notions d'avant et d'après ou de cause et d'effet : la reconnaissance que deux instants sont différents (l'un était avant ou après l'autre) permet d'affirmer qu'il y a du temps. En d'autres termes, pour Aristote, le temps est le nombre du mouvement (citation 1). Cette considération antique semble bien être à l'origine du temps objectif défini par la physique classique : le temps n'est calculable qu'en fonction d'un mouvement de référence.

Cependant, la faculté de dénombrer appartenant à l'âme, **le temps existe si et seulement si un individu est présent**

pour le penser. Effectivement, Aristote suggère que le concept de temps n'a de sens que s'il est relatif à un individu capable de ressentir le mouvement auquel il est associé. Dans ce sens, en plus d'être à l'origine de la notion du temps objectif, Aristote est aussi à l'origine de la notion du temps subjectif. Cette complicité entre le temps et l'existence d'un individu reste toutefois problématique chez Aristote car il lui est difficile de comprendre comment nous sommes capables de prendre conscience d'un avant et d'un après entre deux instants sans un effort de mémoire qui suppose, en tant que tel, une temporalité extérieure à l'individu.

Le caractère paradoxal du temps ***

À la fin du IVe siècle, **saint Augustin** (354-430) consacre le onzième livre de ses *Confessions* au problème du temps. Il considère tout d'abord que le temps est paradoxal : tout le monde sait ce qu'est le temps, mais personne n'est capable de le définir (citation 2). Il affirme que **si le temps est une réalité objective, alors il est indéfinissable** (ce qui est différent de mesurable) : on ne peut définir que des intervalles de temps.

Il remarque par ailleurs que le passé n'est plus, que le futur n'est pas encore et que le présent disparait dès l'instant où il apparait. Cependant, **la conscience humaine est capable d'interagir avec le temps** en se remémorant le passé et en anticipant le futur :

- par rétention, l'homme rend présent le passé ;
- par protention, il rend présent le futur ;
- par l'attention, il peut élargir le présent.

Ainsi, le passé et l'avenir ne sont que des représentations présentes de l'esprit : trois temps existent dans notre esprit (passé, présent, avenir). Saint Augustin en conclut que le temps est lié à la conscience, autrement dit que **le temps est une réalité subjective** (citation 3).

Par conséquent, **le temps ne peut être une réalité extérieure à l'être**, d'autant plus que si le temps était une réalité extérieure, il ne pourrait être une création de Dieu parce que cela signifierait qu'il le précèderait. Or Dieu ayant créé simultanément le monde et le temps, on ne peut imaginer un temps avant la création : Dieu se situe hors du temps, dans l'éternité. Saint Augustin oppose alors le temps des hommes à l'éternité de Dieu.

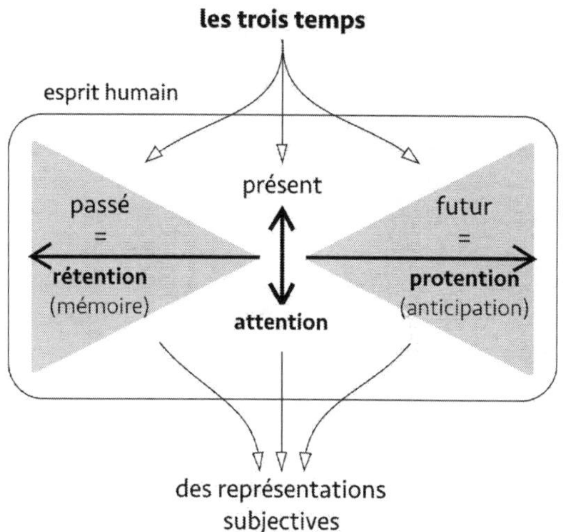

Temps objectif et temps subjectif ***

Si saint Augustin met en évidence le caractère subjectif du temps, c'est au philosophe français **Henri Bergson** (1859-1941) que l'on doit la distinction entre :

- d'une part le temps objectif, le temps des scientifiques, qui est mesurable ;
- d'autre part le temps subjectif, le temps psychologique, qui n'est pas mesurable.

Plus précisément, le point de départ de sa réflexion consiste à analyser la manière dont nous percevons le mouvement des aiguilles d'une horloge, c'est-à-dire l'évolution du temps objectif. Celui-ci ne fait pas référence au temps en général, mais à un intervalle de temps ou, plus précisément, à une modification de l'espace.

Cependant, pour le philosophe, à côté de ce temps scientifique, il existe **un temps humain, qui ne peut être mesuré et qui doit être compris fondamentalement comme une durée vécue par une conscience** (citation 4). L'homme a l'intuition du temps car il a le sentiment de durer dans un présent, d'être temporel. Ainsi, si les scientifiques ne peuvent mesurer objectivement que des intervalles réguliers de temps, la conscience humaine est inscrite dans un présent vécu et manifesté par l'intuition d'une durée subjective enracinée dans le passé et projetée vers le futur.

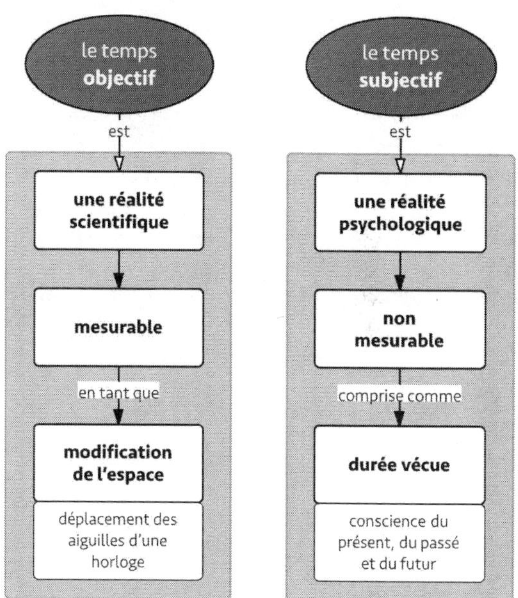

Le temps comme condition à priori de la connaissance ***

Quant à **Emmanuel Kant** (1724-1804), il ne se préoccupe nullement de la distinction entre temps objectif et temps subjectif. Dans la *Critique de la raison pure* (1781), il présente **le temps comme une forme à priori de notre sensibilité**, c'est-à-dire qui existe en dehors de toute expérience, à travers laquelle l'homme perçoit le réel. Par conséquent, puisque le temps structure notre perception du monde, il est **une condition de la connaissance rationnelle du réel** (citation 5).

Dès lors, le problème n'est plus de savoir ce qu'est le temps, mais, précisément, de prendre conscience que sans la catégorie du temps, aucune connaissance n'est possible.

Pour mieux comprendre la conception kantienne, il faut savoir que, selon le philosophe, si les phénomènes de la réalité nous apparaissent à postériori, après que nous en ayons fait l'expérience, la grille de lecture par laquelle nous les percevons est définie à priori, en dehors de toute expérience. Dit autrement, la perception de la réalité par l'homme est conditionnée par une paire de lunettes dont nous ne pouvons jamais nous séparer. La réalité est toujours filtrée avant d'être perçue :

- d'une part par les formes de la sensibilité – l'espace et le temps –, par laquelle les impressions sont reçues ;
- d'autre part par les catégories de l'entendement – divisées en quatre familles : quantité, qualité, relation et modalité –, qui organisent le réel, c'est-à-dire qui établissent des relations entre les impressions sensibles.

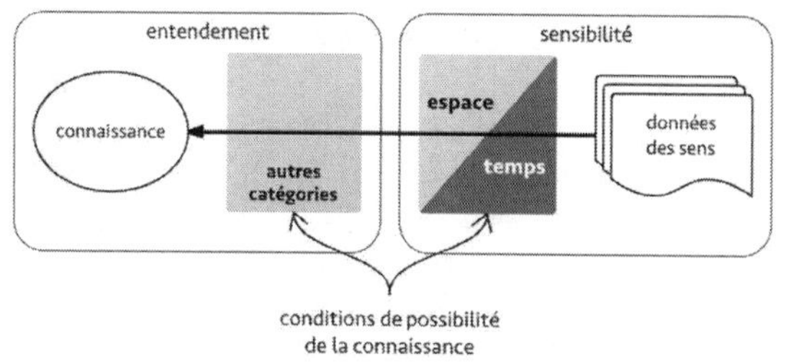

L'EXISTENCE

La prééminence de l'essence sur l'existence *

Réfléchir sur l'existence humaine, c'est affirmer que l'homme est, alors que **réfléchir sur son essence, c'est se demander ce que l'homme est**.

La philosophie contemporaine est marquée par le renversement progressif de l'importance donnée à l'existence par opposition à l'essence, nous le verrons par la suite. Toutefois, toute la littérature antique, médiévale et moderne est empreinte de la réflexion platonicienne sur l'essence de l'homme.

La philosophie de **Platon** est fondée sur **un dualisme entre le monde sensible et le monde intelligible ou monde des Idées** :

- le monde sensible n'offre aucune stabilité puisque par essence il est le mouvement, le changement et le particulier ;

- par opposition, le monde intelligible est stable, et est constitué d'hypothétiques essences immatérielles, éternelles et immuables : les Idées. Celles-ci sont, selon Platon, des archétypes de la réalité d'après lesquels les objets du monde visible sont formés. Dès lors, le monde sensible n'est qu'une pâle copie du monde des Idées, ce qui revient à dire que **l'essence est supérieure à l'existence**.

Ainsi, s'il existe des tas de triangles différents dans le monde sensible, les propriétés essentielles d'un triangle (par exemple, celle qui veut que la somme de ses angles équivaille à un angle plat) sont vraies, indépendamment de tout triangle concret dessiné sur une feuille, car elles appartiennent au monde des Idées, vérités absolues.

De la même manière, Platon entreprend de déterminer les propriétés essentielles de l'homme, indépendamment de toutes ses caractéristiques particulières. Selon lui, la spécificité humaine repose dans l'âme, qui est immortelle et prisonnière du corps. Autrement dit, elle n'appartient pas à la réalité, mais elle n'appartient pas non plus au monde des Idées : l'âme ressemble à l'Idée. Dès lors, grâce à l'âme, **l'homme a la capacité de contempler le monde des Idées à travers la réalité**. C'est cette faculté qui le distingue des autres êtres vivants et qui constitue son essence. Cette activité purement humaine fonctionne selon la logique de la réminiscence : en tant que corps animé par une âme, l'homme possède déjà en lui-même, en puissance, les Idées qu'il doit actualiser, mettre à jour.

L'origine du terme « existence » *

La théorie platonicienne fut une base théorique séduisante pour **les philosophes chrétiens du Moyen Âge qui ont rapproché le monde des Idées, immuable et éternel, du Dieu chrétien**. Tout comme l'âme humaine possède, selon Platon, les mêmes propriétés que le monde des Idées, mais d'un degré inférieur, pour le christianisme, l'âme humaine est d'origine divine.

Au XIIIe siècle, Thomas d'Aquin (1225-1274), qui précise le mode d'être des hommes par rapport à Dieu, est à l'origine du terme latin *existentia*, qui signifie « sortir de », « naitre de » :

- **Dieu est une essence pure**, autrement dit il est par sa seule essence ;
- l'homme, créature divine, existe à partir de Dieu : littéralement, **l'homme « nait de » Dieu**.

Par ailleurs, si l'homme est déterminé par Dieu, il est en même temps libre grâce à sa raison : le terme *existentia* doit dès lors se comprendre également comme la capacité pour l'individu de sortir de sa condition naturelle à l'aide de sa raison :

- l'homme existe à partir de Dieu,
- mais il existe aussi grâce à sa capacité à s'ouvrir librement un champ de possibilités rationnelles et à être capable de jugement. Une existence sans ces dimensions serait seulement une vie animale biologique.

L'existence comme surgissement **

Si Thomas d'Aquin est à l'origine du terme « existence », c'est le philosophe danois **Søren Kierkegaard** (1813-1855) qui lui donne le sens philosophique qui sera repris par le mouvement existentialiste.

> ### L'EXISTENTIALISME
>
> L'**existentialisme** désigne, de manière générale, toute philosophie qui s'intéresse à l'existence de l'homme. Dans un sens plus moderne, il s'agit d'une pensée qui affirme la primauté de l'existence vécue sur l'essence humaine.

Afin de déterminer comment l'homme peut, en tant que sujet existant, établir une relation avec Dieu, le philosophe tente d'abord de **comprendre les conditions concrètes d'existence**. Plus précisément, il définit l'homme comme une synthèse entre différents contraires : le fini et l'infini, le temporel et l'éternel, la liberté et la nécessité (citation 6). Mais cet homme-là n'est pas encore un moi : selon Kierkegaard, l'individu ne devient lui-même que lorsqu'il s'appréhende librement et consciemment comme une synthèse.

Par conséquent, **l'être-moi n'est pas donné à l'homme**. L'existence ne doit alors plus être comprise comme la présence dans le réel d'un être conditionné par la causalité naturelle. Au contraire, l'homme décide librement de l'orientation de son existence : **l'acte libre humain est un commencement**, une rupture, une émergence, une provocation, qui ne s'insère pas dans un enchainement de cause à effet.

Kierkegaard expose le cheminement de l'individu vers Dieu, en identifiant trois stades de l'existence correspondant à trois types d'émergence de la subjectivité :

- **le stade esthétique**, souvent illustré par la figure de Don Juan. L'existence de ce dernier est discontinue, sans répétition, sans stabilité, sans fidélité, sans engagement. Il ne s'est pas encore choisi comme moi, et il jouit de chaque instant qui passe. Mais il vit dans le désespoir à l'idée que les conditions de cette existence pourraient disparaitre ;
- **le stade éthique**, en opposition radicale avec le stade esthétique, illustré par la figure de l'homme marié. Celui-ci mène une existence sérieuse et continue, il se concentre sur le devoir, le général et l'universel, ainsi que le respect de ses engagements. Le passage à ce stade se produit lorsque l'individu, désespéré, se choisit librement : il devient alors un moi. Cependant, il n'est pas complètement épanoui, car il se sent dominé par le péché ;
- **le stade religieux**, qui correspond à l'expérience de la foi comme présence de l'homme libre face à Dieu. L'individu réalise qu'il ne peut se libérer du péché seul, et que c'est Dieu qui pourra l'aider à atteindre la vérité.

La prééminence de l'existence sur l'essence ***

Au XXe siècle, l'importance accordée à l'essence de l'homme est complètement éclipsée au profit d'une mise en avant de l'existence humaine. L'existentialisme affirme en effet que « l'existence humaine précède l'essence », selon la célèbre formule de **Jean-Paul Sartre** (1905-1980) dans *L'Être et le Néant* (1943). Autrement dit, l'existence est libre de tout déterminisme lié à une hypothétique essence de l'homme ou à l'état du monde extérieur : l'homme est totalement libre, il n'est déterminé par rien.

Selon l'existentialisme sartrien, l'homme prend d'abord conscience de l'absurdité du monde : tout ce qui est aurait pu ne pas être, autrement dit tout est contingent et rien ne justifie l'existence. Il découvre alors qu'il est néant. Toutefois, il ne s'agit pas là d'une conception pessimiste ; au contraire, le néant est synonyme de liberté : **puisqu'il n'est rien, qu'il n'est déterminé par rien et que le monde n'a pas de sens, l'homme, totalement libre, est contraint de se définir par ses choix et ses actes**. Ainsi, il a la liberté de devenir ce qu'il veut être. Dans ce sens, on comprend mieux l'idée que l'existence précède l'essence : l'homme existe d'abord, puis il définit ce qu'il est ensuite (citation 7). La réalité humaine est donc sans cesse à créer : l'homme n'est rien d'autre que les projets qu'il se donne et qu'il réalise.

Toutefois, face à sa contingence et à sa liberté, l'homme angoisse et se demande : « Que faire ? » Deux attitudes sont alors possibles :

- répondre à l'appel de la liberté, et donc décider de l'orientation et du sens de son existence ;
- tenter d'y échapper en évoquant le déterminisme ou la fatalité.

Sartre qualifie de « lâche » l'attitude de celui qui justifie ses actions au regard d'un déterminisme selon lequel chaque évènement est la conséquence de causes indépendantes de lui-même. Il accuse de « salaud » celui qui justifie ses actes au nom d'un fatalisme qui affirme que tout évènement se manifeste parce qu'il devait nécessairement se dérouler. Selon le philosophe, les lâches et les salauds font preuve de mauvaise foi en se déresponsabilisant et vivent de manière inauthentique : ils jouent un rôle et n'existent pas vraiment.

L'existence conditionnée par l'inconscient *

Il est de coutume de considérer **Sigmund Freud** (1856-1939) comme le pionnier de la psychanalyse. Selon ce dernier, la structure de la conscience humaine est triple. Elle comprend :

- le ça (l'inconscient) ;
- le moi (la conscience exprimée dans l'existence) ;
- le surmoi (la conscience morale).

Ainsi, l'homme est mu par des pulsions primitives inconscientes qui sont contrôlées et filtrées par l'ensemble des valeurs et des connaissances morales qu'il a acquises et développées depuis son enfance.

Dans ce cadre, le dualisme entre l'essence (que l'on peut ici assimiler à notre réalité psychique inconsciente) et l'existence (soit notre conscience) est aussi présent. Toutefois, Freud n'accorde aucune préférence, ni à l'un, ni à l'autre. L'originalité de sa théorie réside dans le fait que **notre conscience (soit notre existence) est conditionnée**

par notre inconscient (autrement dit notre essence). Il affirme ainsi, à la différence de Sartre, que **la vie psychique humaine est soumise à un strict déterminisme**. Plus précisément, notre existence consciente est influencée par des évènements passés et refoulés dans notre inconscient. Néanmoins, Freud refuse tout fatalisme, estimant que notre existence n'est pas nécessairement que la somme de ces évènements.

TEMPS ET EXISTENCE, DEUX CONCEPTS INTIMEMENT LIÉS **

Les concepts de temps et d'existence ont une importance cruciale dans la pensée de **Martin Heidegger** (1889-1976), qu'il a formalisée dans un ouvrage incontournable, *Être et Temps* (1927).

Heidegger part de la réalité fondamentale qu'est **l'être humain**, qu'il définit comme un *Dasein*, un **« être-là »** (de l'allemand *da*, « là », et *sein*, « être »), et plus précisément encore comme **un « être-jeté-au-monde »**. En effet, aucun homme n'a demandé à exister et la naissance symbolise bien cette image d'un individu qui est jeté dans le monde, abandonné à son existence. Ainsi, avant même d'exister, en entrant en contact avec le monde et autrui, l'homme est un être-là.

Le *Dasein*, de prime abord, ne s'appartient pas à lui-même : il est inauthentique. Plus précisément, **le *Dasein* vit sous la dictature du « On »**, qui désigne les autres qui l'entourent. La dictature du « On » doit être comprise comme la conscience collective d'une société, l'opinion publique, les consensus moraux (tels que « On » ne se marie pas avec son frère, « On » ne met pas ses coudes à table, « On » est libre, etc.). Ainsi, le *Dasein* existe selon le « On » et, dès lors, il ne s'appartient pas en propre. Mais cette caractéristique n'est pas péjorative puisque sans la dictature du « On » une société ne peut fonctionner. En effet, toute société repose nécessairement sur des codes de comportement.

Si l'inauthenticité n'est pas un concept moralement mauvais, pourquoi Heidegger parle-t-il d'authenticité ? Parce que l'homme est un être-là, à la différence des animaux ou des objets, et pas seulement un être vivant. En ce sens, **son être lui pose question : pourquoi vaut-il mieux être que ne pas être ?** Dès lors, selon Heidegger :

- **l'inauthenticité** caractérise une existence sans questionnement dans laquelle « On » choisit constamment pour moi ;
- **l'authenticité** définit au contraire l'existence du *Dasein* qui se pose la question de l'être et qui découvre nécessairement sa possibilité la plus fondamentale : ne plus être.

L'existence authentique suppose que nous soyons affectés par la temporalité limitée de notre être. Cette prise de conscience est considérée par Heidegger comme une angoisse « existentiale » : notre existence repose sur l'angoisse fondamentale de l'être-là qui sait qu'il ne sera plus. Partant de cette angoisse existentiale, que l'on peut assimiler à l'angoisse de la mort, on comprend qu'**il est possible, de temps en temps, de ne pas se laisser guider par la dictature du « On »**, autrement dit de s'appartenir à soi-même, de se choisir et d'exister authentiquement à partir de la question fondamentale que nous pose notre être.

Notons encore que **l'angoisse existentiale est aussi la raison qui justifie la dictature du « On »** : il parait inimaginable que nous existions à chaque instant authentiquement en société. On ne peut pas choisir tous les matins nos vêtements en fonction du fait que l'on se sait mortel ; on ne peut pas choisir de ne pas aller à l'école parce que l'on se sait mortel, etc. On doit généralement faire ce que « On » fait, mais pas jusqu'au point où l'on ne sera plus qu'un mouton qui tourne à droite parce que le troupeau tourne à droite.

D'après **Aristote**, le temps est lié au mouvement : d'une part il permet de mesurer le mouvement d'un corps ou de l'âme selon les notions d'avant et d'après, d'autre part la conscience du mouvement permet de percevoir le temps.

À la fin du IVe siècle, **saint Augustin** remarque que trois temps coexistent dans notre esprit : le passé, le présent et l'avenir. Il en conclut que le temps est lié à la conscience.

Bergson confirme cette thèse en distinguant le temps objectif, ou temps des scientifiques, qui est mesurable, et le temps subjectif, ou temps humain, qui ne peut être mesuré. Ce dernier se définit comme une durée vécue par une conscience.

Kant présente pour sa part le temps comme une catégorie à priori de notre sensibilité qui nous permet de percevoir le réel.

Quant au concept d'existence, il a longtemps été négligé au profit d'une réflexion sur l'essence de l'homme. C'est **Thomas d'Aquin** qui est à l'origine du terme *existentia*, qui signifie « sortir de » : l'homme nait de Dieu, existe à partir de Dieu, mais également grâce à sa raison qui lui permet de dépasser son existence biologique.

Kierkegaard a ensuite donné au terme d'« existence » le sens qui sera repris par le mouvement existentialiste. Ainsi, selon **Sartre**, l'existence précède l'essence, c'est-à-dire que l'homme nait d'abord, puis se détermine ensuite par ses actes et ses choix.

Enfin, **Heidegger** définit l'être humain comme un *Dasein*, un « être-là » ou un « être-jeté-au-monde » : aucun homme n'a demandé à exister ; or tous sont abandonnés à leur existence.

Votre avis nous intéresse !
Laissez un commentaire sur le site de votre librairie en ligne
et partagez vos coups de cœur sur les réseaux sociaux !

POUR ALLER PLUS LOIN

- ARISTOTE, *Physique*, traduction de Pierre Pellegrin, Paris, GF-Flammarion, 1999.
- BERGSON H., *Essai sur les données immédiates de la conscience*, Paris, PUF, 2007.
- DASTUR F., *La Mort. Essai sur la finitude*, Paris, PUF, 2007.
- DESCARTES R., *Les Méditations métaphysiques*, Paris, GF-Flammarion, 2009.
- HEIDEGGER M., *Être et Temps*, traduction de Marlène Zarader, Paris, Vrin, 2012.
- KANT E., *Critique de la raison pure*, traduction d'Alain Renaut, Paris, GF-Flammarion, 2006.
- KIERKEGAARD S., *Post-scriptum aux Miettes philosophiques*, traduction de Paul Petit, Paris, Gallimard, 2002.
- KIERKEGAARD S., *Traité du désespoir*, Paris, Gallimard, 1988.
- MARC-AURÈLE, *Pensées pour moi-même*, Paris, GF-Flammarion, 1999.
- PASCAL B., *Pensées*, Édition Lafuma, Paris, Seuil, 1962.
- PLATON, *Phédon*, traduction de Monique Dixsaut, Paris, GF-Flammarion, 1999.
- PLATON, *Timée, suivi du Critias*, traduction de Luc Brisson, Paris, GF-Flammarion, 1999.
- SÉNÈQUE, *De la brièveté de la vie*, Paris, Mille et une nuits, 1998.
- SAINT AUGUSTIN, *Confessions*, traduction d'Arnaud d'Andilly, Paris, Gallimard, 1993.
- SARTRE J.-P., *L'Être et le Néant*, Paris, Gallimard, 1976.
- SARTRE J.-P., *L'existentialisme est un humanisme*, Paris, Gallimard, 1945.

TESTEZ VOS CONNAISSANCES !

ASSOCIEZ CHAQUE CITATION À L'EXPLICATION QUI LUI CORRESPOND.

Citations

- **Citation 1 :** « Quand [...] nous percevons l'avant et l'après, alors nous disons qu'il y a temps. C'est bien cela le temps : le nombre d'un mouvement selon l'avant et l'après. » (ARISTOTE, *Physique*, Paris, GF, 1999, livre IV, XI)
- **Citation 2 :** « Qu'est-ce donc que le temps ? Si personne ne me le demande, je le sais bien ; mais si on me le demande, et que j'entreprenne de l'expliquer, je trouve que je l'ignore. » (SAINT AUGUSTIN, *Confessions*, Paris, Gallimard, 1993, livre XI, chapitre XIV)
- **Citation 3 :** « Il y a trois temps : le présent du passé, le présent du présent et le présent du futur. Car ces trois sortes de temps existent dans notre esprit et je ne les vois pas ailleurs. Le présent du passé c'est la mémoire ; le présent du présent c'est l'intuition directe ; le présent de l'avenir, c'est l'attente. » (SAINT AUGUSTIN, *Confessions*, Paris, Gallimard, 1993, livre XI, chapitre XX)
- **Citation 4 :** « La durée toute pure est la forme que prend la succession de nos états de conscience quand notre moi se laisse vivre [...]. » (BERGSON H., *Essai sur les données immédiates de la conscience*, Paris, PUF, 2007)
- **Citation 5 :** « Le temps est la condition formelle à priori de tous les phénomènes en général. » (KANT E., « Esthétique transcendantale », in *Critique de la raison pure*, Paris, GF, 2006, section 2, p. 128-129)

- **Citation 6 :** « L'homme est une synthèse d'infini et de fini, de temporel et d'éternel, de liberté et de nécessité, bref, une synthèse. Une synthèse est le rapport de deux termes. De ce point de vue, le moi n'existe pas encore. » (KIERKEGAARD S., *Traité du désespoir*, Paris, Gallimard, 1988, p. 57-58)
- **Citation 7 :** « Qu'est-ce que signifie ici que l'existence précède l'essence ? Cela signifie que l'homme existe d'abord, se rencontre, surgit dans le monde, et qu'il se définit après. » (SARTRE J.-P., *L'existentialisme est un humanisme*, Paris, Gallimard, 1945)

Explications

- **Explication a :** le temps est une catégorie de notre entendement qui existe en dehors de toute expérience, grâce à laquelle l'homme perçoit le réel.
- **Explication b :** la reconnaissance que deux instants sont différents, c'est-à-dire que l'un se situe avant ou après l'autre, conduit à la conclusion qu'il y a du temps.
- **Explication c :** l'homme n'étant déterminé par rien, il existe d'abord, puis il se définit ensuite librement par ses actes et ses choix.
- **Explication d :** l'homme, qui n'est pas d'emblée un moi, se définit d'abord comme une synthèse entre différents contraires.
- **Explication e :** tout le monde a l'intuition de savoir ce qu'est le temps, mais personne ne semble capable de le définir.
- **Explication f :** à côté du temps des physiciens, il existe un temps humain qui doit être compris comme une durée

vécue par une conscience.

- **Explication g :** l'être humain est un Dasein, un « être-là » ou un « être-jeté-au-monde », dans le sens où il n'a pas demandé à exister et où il est pourtant abandonné à son existence.
- **Explication h :** l'homme est une créature divine qui existe à partir de Dieu (il nait de Dieu), mais il existe aussi grâce à sa capacité à dépasser son existence biologique à l'aide de sa raison.
- **Explication i :** la conscience humaine interagit avec le temps en se remémorant le passé, en élargissant le présent et en anticipant l'avenir. Ainsi, trois temps coexistent dans notre esprit : le passé, le présent et l'avenir.
- **Explication j :** l'homme a toujours cherché à nier l'irréversibilité du temps en projetant son existence dans une autre temporalité, notamment grâce aux religions.

CHOISISSEZ UN SUJET BAC ET CONSTRUISEZ LE PLAN DE VOTRE DISSERTATION EN Y ASSOCIANT, SI POSSIBLE, CERTAINES DES CITATIONS ET DES EXPLICATIONS REPRISES CI-DESSUS.

- Faut-il oublier le passé pour se donner un avenir ? (bac L 2010)
- Cela a-t-il un sens de vouloir échapper au temps ? (bac L 2006)
- Connaissons-nous mieux le présent que le passé ? (bac L 2002)
- La fuite du temps est-elle nécessairement un malheur ?

- Dans quelle mesure le temps nous appartient-il ?
- N'y a-t-il de bonheur que dans l'instant ?
- Le temps existe-t-il en dehors de la conscience que nous prenons du changement ?
- Exister, est-ce simplement vivre ?
- Est-ce la mort qui donne un sens à l'existence ?
- L'homme a-t-il une nature ?

Rendez-vous sur lepetitphilosophe.fr et découvrez :

Plus de 1200 analyses
Claires et synthétiques
Téléchargeables en 30 secondes
À imprimer chez soi

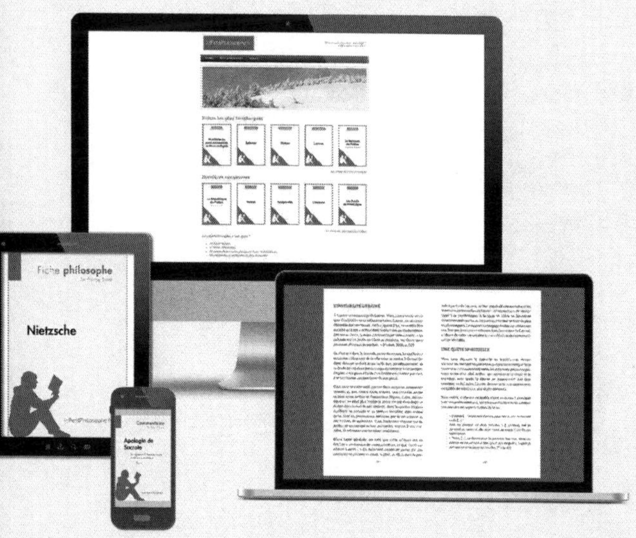

L'éditeur veille à la fiabilité des informations publiées, lesquelles ne pourraient toutefois engager sa responsabilité.

© LePetitPhilosophe.fr, 2017. Tous droits réservés.

www.lepetitphilosophe.fr

ISBN version numérique : 978-2-8062-4449-9
ISBN version papier : 978-2-8062-4426-0
Dépôt légal : D/2017/12603/580

Schémas réalisés par Alberto Molina Pérez, doctorant en philosophie des sciences (Université Paris I-Panthéon-Sorbonne)

Conception numérique : Primento,
le partenaire numérique des éditeurs.

Made in the USA
Monee, IL
07 July 2026